AF229267

AUX

ANCIENS PARTIS

PARIS

IMPRIMERIE DE L. TINTERLIN ET Ce
rue Neuve-des-Bons-Enfants, 3

LE PARTI DE LA PROVIDENCE

AUX

ANCIENS PARTIS

PAR

ALCIDE MORIN

MANÉ, TEKEL, PHARÈS.
« En Dieu le droit, à chacun son devoir,
au temps la justice. »
(Trad. nouvelle.)

PARIS

E. DENTU, LIBRAIRE-ÉDITEUR

PALAIS ROYAL, 13, GALERIE D'ORLÉANS

—

1860

ANCIENS PARTIS

I.

Certains partis, à tort ou à raison, qualifiés d'*anciens,* s'étant fait un mérite de renier leur antiquité pour se poser en *parti nouveau!* donnant ainsi le change sur leur origine, nous ne saurions leur opposer rien de mieux que le parti de la Providence, qui, datant de la plus haute époque, est toujours le plus jeune et n'oblige jamais à en changer.

Nous sommes de ce parti là; aussi, beaucoup moins préoccupé des querelles des autres que de l'étrange révolution qui s'accomplit dans le cercle même de l'idée, nous nous sommes laissé ballotter longtemps par le vaisseau de la politique, indifférent à qui le guidait, sans chercher d'où venait le vent, ni vers quels horizons il nous poussait. Mais, au milieu de la tempête sociale soulevée par l'ouragan de la raison, l'esprit brisé de fatigue, nous avons senti s'éveiller nôtre âme; et nous aspirons aujourd'hui les senteurs d'*une terre inconnue* où nous allons tous aborder.

Détournés au contraire par l'attention qu'ils prêtent aux

manœuvres, à la direction du vent, au tangage et au roulis, officiers, matelots et passagers du même navire n'ont pas encore senti ces effluves.

Le commandant lui seul, à son banc de quart, les a senties sans doute, car ses narines se sont gonflées, son œil a brillé, et un sourire silencieux a plissé sa lèvre. A son ordre souverain, le vaisseau a viré, s'est couvert de voiles et fend la lame à travers les écueils.

Parmi les hommes de l'équipage, les plus. vieux, habitués aux dangers, n'obéissent qu'en hochant la tête ; les plus jeunes, avides de l'inconnu, heureux d'échapper à la routine, redoublent d'efforts ; mais le plus grand nombre des passagers, ne comprenant rien à tant d'audace, anxieux, épouvantés, n'osant parler et ne voulant se taire, crient et se lamentent en regardant agir. — Où le navire va-t-il nous porter ? — C'est *le secret* du capitaine, et il le garde prudemment.

Où en serions-nous, en effet, s'il avait pris pour confident tout l'équipage et laissé discuter une pensée que lui seul élabore ? Quant aux passagers, s'ils pouvaient lire seulement dans ses yeux... Grand Dieu ! quel carillon ! il faudrait les barricader à fond de cale.

Nous respectons donc le secret du chef ; et, quoi que nous puissions penser en politique, dire du passé, du présent ou de l'avenir, nous en assumons pour nous seul la responsabilité.

Tous les chemins du présent, si courts ou longs qu'ils soient, droits ou de travers, s'embranchent à l'avenir ; chacun fait donc bien d'en choisir un à sa convenance, quand il le peut ; mais souvent le plus facile n'est pas celui qu'on pense. Nous avons fait choix du nôtre. Tant pis pour nous si nous restons en route; puissions-nous seulement tressaillir encore en nous sentant le *marchepied* de ceux qui nous suivront!

Le chemin le moins rude, en apparence, et que le plus grand nombre suit naturellement, se nomme *l'expérience*. Bien que ce chemin soit le plus long, comme on n'en aperçoit les dangers qu'un à un, les moins braves s'y engagent. — Mais combien en sont sortis à reculons? combien d'autres y sont morts, devancés par les pionniers du *Sentiment*, se frayant chacun sa route? — Qu'est-ce donc que l'expérience?

— Une pure vanité de la *raison humaine*, ce mythe réalisé de la révolte éternellement impuissante, personnification vivante du *doute* luttant contre le sentiment inné de la vérité; la raison humaine, appelée par Montaigne, au seizième siècle : « un pot à deux anses, » divinisée, au dix-huitième, par Voltaire, placée sur l'autel par Robespierre, et dont nous voudrions pouvoir effacer jusqu'au nom. Mais, malheureusement, l'erreur a pris un tel pied dans le monde qu'il n'est plus possible , aujourd'hui, de faire comprendre la vérité qu'en se servant du langage même de l'erreur.

Arrière donc l'expérience, *fille de la raison!* Sincèrement, nous ne croyons pas qu'elle ait jamais servi en politique, puisque tous les partis, les uns après les autres, se sont perdus en retombant dans la même faute; l'excès qui ramène l'excès contraire. — Nous en sommes donc arrivé, à défaut d'expérience, à appliquer à la politique ce principe absolu : *Les contraires s'attirent*, dont se gouvernent les forces impondérables, auxquelles la politique ne saurait trop s'assimiler, et à croire, enfin, que la meilleure des diplomaties est encore enseignée par la Providence.

Dès lors nous ne saurions nous introduire plus convenablement dans la politique contemporaine qu'en commençant par rappeler à la *contemplation des lois naturelles* ceux qui, dans l'agitation des événements auxquels ils prennent part, oublient peut-être cette notion première de l'ordre universel, LA HIÉRARCHIE *absolue*, ou *la nécessité des degrés en tout*.

Mais il ne suffit pas d'avoir la notion des degrés, il faut savoir les respecter, ne pas renverser l'échelle de haut en bas, et ayant le livre de la vie sous les yeux, ne pas le lire à l'envers. Tel est cependant l'étrange mirage que produit sur nous l'expérience : croyant marcher avec elle en avant, nous fuyons la vraie lumière qui nous vient du Sentiment intime. — Ainsi va le progrès dans un sens et nous dans l'autre, sans que nous puissions voir son soleil qui pourtant nous réchauffe.

Regarder le soleil en face est une faculté, dit-on, qui n'appartient qu'à l'aigle. Si nous ne pouvons l'imiter, tâchons au moins de ne pas le perdre de vue dans son vol. La Providence ne se révèle directement à nous que par des symboles. Celui-ci est-il donc si obscur que nous ne sachions pas le comprendre ?

Celui qui gouverne aujourd'hui la France , rejeton de la famille de l'aigle, a les yeux fixés sur le soleil du progrès. Si son vol nous paraît lent, c'est un effet de la distance. S'il nous paraît lourd, c'est que l'aigle est bien chargé, car il tient la civilisation dans ses serres et ne veut pas la laisser tomber ; mais il lâchera une à une toutes *les raisons* du passé dont le poids appesantit son vol, et elles se briseront au contact de l'avenir. Il va... vers un point que nous ne voyons pas, mais qu'il voit, parce que lui seul, éclairé d'un sentiment puissant qui se développe sans entraves, peut se permettre de ne pas douter, parce que lui seul, enfin, avance, *les yeux ouverts*, dans le sillon de sa foi !

Qu'il nous conduise donc où il voudra ; l'esprit doit suivre l'âme. Ainsi qu'un homme voulant l'ordre et la liberté en lui-même, doit se soumettre à l'autocratie de son âme, ainsi toute nation, voulant l'ordre et la liberté, doit reconnaître une autorité indiscutable qui commande à la révolte de l'esprit, et soit en elle comme son âme.

Revenue de ses erreurs d'esprit, avec Napoléon III, la France a retrouvé *son âme !*

II.

L'édifice social ébranlé a vu changer sa pierre d'angle ; mais son assise est la même : L'autorité souveraine ! *autocratie nécessaire*, non pas pour asservir les hommes, mais pour servir à la glorification de ce qu'il y a de plus divin en eux-mêmes, LE SENS INTIME — établissant son trône dans un seul homme, afin de prouver que, par sa vertu, il commande à toutes *les raisons* des autres et de lui-même.

L'autorité absolue d'ailleurs n'est qu'une délégation de l'obéissance passive que chacun doit à sa propre conscience, *passée à l'ordre* du souverain, qui, s'en étant fait payer, en devient ainsi seul responsable. — Lequel, parmi les Prétendants du jour, y compris la République, oserait prendre sa place en se rendant porteur de ce terrible billet?

Obéir n'est pas seulement s'acquitter envers Dieu et *solder* sa conscience; — c'est être libre! Car on n'est bien véritablement libre que lorsqu'on ne doit plus rien à personne; et ce n'est qu'après l'accomplissement du dernier de ses *devoirs* que l'on eût dû parler du premier de ses *droits...* encore eût-on mieux fait de n'en jamais parler. « *Fais ce que dois, advienne que pourra,* » est le précepte du Sage. — Si tout le monde eût toujours fait son devoir, qui donc eût jamais eu besoin de songer à son droit? — tandis que chacun aujourd'hui, ne songeant plus qu'à son droit et tous prétendant *au même*, sous prétexte *d'égalité*, il faudrait accepter la logique des sociétés antiques qui, imposant les devoirs à des castes esclaves, pouvaient tout à leur aise, *un marché d'hommes* à la main, deviser de la liberté! Mais ceci est la conséquence évidente de *la loi des contraires*, que nous avons appliquée à la politique : — de l'extrême liberté, sortirait l'esclavage. — Nous savons bien que sincèrement personne ne songe à rétablir l'esclavage; mais, en prêchant l'égalité du droit, tout le monde y marche. — Encore quelque temps de confusion dans les classes, et, l'éducation aidant, chacun se croyant au niveau de son voisin, *personne ne voudra plus servir* et nous serons obligés d'envahir l'Afrique, afin d'en rapporter des hordes d'esclaves. — Pour se garantir de l'esclavage qui, recommençant par les noirs, ne tarderait pas à s'étendre jusqu'aux blancs, la civilisation n'a de sauvegarde que dans *le retour à la hiérarchie.*

Ils furent donc bien orgueilleux ou bien imprudents, ceux qui, les premiers, osèrent proclamer *les droits de l'homme* avant d'en établir *les devoirs.* — C'est en s'abaissant de l'esprit que l'on s'élève de l'âme. — Restant esclaves du devoir, ils eussent *consacré* le droit, tandis qu'ils n'ont fait que *l'anéantir* pour eux-mêmes, en s'affranchissant du devoir. Ils n'ont donc plus, eux et leurs successeurs, qu'à courber la tête avec contrition et remercier le nouveau Maître qui vient de *ressusciter le véritable droit* en se sacrant *par l'accomplissement du devoir!*

Quant à l'autorité, de toutes les choses de ce monde, c'est à la fois la plus inattaquable et la plus fragile; car elle a pour contre-poids *la satisfaction des peuples* et elle n'y tient que par un fil, tiraillé par tous les compétiteurs à un droit quelconque.

Devant le fantôme de l'égalité si fatalement évoqué à la fin du XVIII⁰ siècle, tout le monde avait brisé les rangs pour courir aux mêmes droits, sans s'inquiéter s'il laissait ses devoirs en arrière. Ainsi formée de la confusion de tous les degrés, l'armée rationaliste de 89 se mit sur un seul rang à la poursuite du progrès; les officiers emboîtèrent le pas avec les soldats, et le général en chef, couvert de son état-major, se posta bravement par derrière.—N'était-ce pas bien l'ordre de bataille du *gouvernement représentatif?* — Qu'en est-il résulté?

Les défenseurs du progrès (ceux qui l'aiment pour lui-même), s'étant formés en colonne, laissèrent passer les deux ailes de la ligne ennemie, se jetèrent sur son centre, enlevèrent son chef et firent prisonnier tout son état-major. Cette tactique s'est renouvelée trois fois, en 1789, en 1830, en 1848, sans que l'armée rationnaliste, se repliant sur elle-même, soit jamais arrivée assez à temps pour saisir le Progrès ; mais seulement pour que ses soldats se fusillassent entre eux en s'arrachant les lambeaux de leur propre drapeau qu'ils prenaient pour celui du Progrès. Pendant ce temps, le bataillon sacré de ses défenseurs allait toujours reprendre les positions que l'armée de l'expérience, *battue par elle-même*, venait d'abandonner.

Ce qu'il fallait avant tout c'était donc enlever d'assaut ces positions, même contre les défenseurs du Progrès, qui commençaient à prétendre devoir *le garder pour eux seuls*, ou, du moins, le diriger à leur guise.

Ralliant alors tous les poursuivants débandés, sous un seul drapeau surmonté de l'aigle aux ailes déployées, les formant à leur tour en colonne et se mettant à leur tête, — un nouveau chef s'est élancé, guidé par la Providence, la couronne impériale au front, indiquant *impérieusement* du bout de son épée *le but* qu'il fallait atteindre.

Gloire et merci, à tous ceux qui sont morts ou furent blessés dans la lutte, vainqueurs ou vaincus ont bien mérité de l'humanité, combattant pour l'honneur du drapeau, *avec la conscience du devoir, sans s'inquiéter du droit.* Si l'étendard du Progrès, glorieusement lacéré dans la lutte, est aujourd'hui planté en terre de France, c'est à l'autorité absolue qu'on le doit, — et elle poursui-

vra, nous y comptons, son œuvre, malgré toutes les clabau-
deries du siècle de la raison, contre *la raison des siècles !*

Ce ne sont point les faibles territoires de la Savoie et de
Nice que vient de s'annexer la France, puisqu'ils rentraient
d'autorité dans ses limites naturelles ; c'est la sympathie
de tous les peuples qui, n'étant pas encore, assez mala-
droitement civilisés pour avoir perdu *le sentiment de leur
nationalité,* viendront le mettre sous la garde de celui qui
règne si merveilleusement par *le sentiment de sa destinée,*
qui fut son pavois providentiel.

Proclamons donc que toute division en partis, jeunes
ou vieux, appuyés de raisons pour ou contre n'est qu'une
façon de brouiller les cartes, lorsque la Providence abat
son jeu. — Et nous en sommes arrivés là.

III.

Le premier degré de la hiérarchie sociale étant posé,
comment les autres vont-ils s'échelonner ? — Toujours
sur le même principe, *la prédominance du sens intime ;*
mais en laissant agir la Providence selon ses vues, c'est-à-
dire en ne cherchant, sous aucun prétexte *de droit,* à ra-
baisser ceux qui tendent à s'élever d'eux-mêmes, pas plus
qu'à relever ceux qui s'abaissent aussi d'eux-mêmes.

Ce n'est pas la restauration d'un temps à peine effacé
qui se fait ; mais *la Transfiguration* de la société qui
commence. Après avoir filé son cocon en liberté, *tissant*

ainsi son esclavage, et fait son temps de chrysalide, elle va renaître sous son antique forme.

Mais laissons-là les énigmes des autres siècles et tâchons de débrouiller celles du nôtre ; ce qui, soit dit sans offenser l'histoire, serait beaucoup plus sage que de chercher toujours à expliquer chez les autres ce que l'on ne comprend pas chez soi. Ainsi fait pourtant notre siècle qui se pique de *réalisme* et se nourrit de songes creux ; agissant en sens opposé de ses propres désirs parce qu'il croit ceux-ci réalisables *à force de raisons,* tandis qu'ils ne le seront qu'*à force de bon sens.*

Jugeons-en d'abord par l'*éducation,* ce premier pilotis de l'édifice social à réparer. Telle qu'elle est aujourd'hui comprise et répandue, à profusion pour les uns, avec avarice pour les autres, cloîtrée au lieu d'être libre, comprimant le corps au lieu de le développer, forçant le développement intellectuel au lieu de l'attendre, gonflant l'esprit et aplatissant le cœur, imposant son implacable niveau à toutes les intelligences petites ou grandes, droites ou de travers, confondant enfin, dès le principe, tous les degrés, l'éducation enseigne évidemment à les briser par la suite. S'il est vrai que ce genre d'éducation que nous tenons de nos pères fut pour quelque chose dans la première révolution, combien leurs fils ne devaient-ils pas faire de révolutions nouvelles ? Dieu sait si nous nous sommes bien acquittés de cette tâche ; sans parler de ce que nous avons le droit d'attendre de nos propres enfants.

Passons sous silence la confusion des degrés intellectuels qui se règlent au collége sur la faculté de la mémoire. Cela ne serait qu'un demi-mal si la liberté d'expansion restait encore à l'intelligence au sortir du grand laminoir *universitaire* à deux cylindres, le *latin* et le *grec*, qui ne fait que *glacer* et *brillanter* les surfaces ; mais la sanction obligée du *diplôme* affublant de la même livrée scientifique l'esprit de travers et l'esprit droit, ne produit le plus souvent que la vanité chez l'un et la défiance chez l'autre. De telle sorte que le premier, affichant sa science d'emprunt, avance dans tous les emplois et passe pour l'intelligent ; tandis que celui qui a le sens intime, n'osant tirer vanité de sa science acquise, n'arrive presque jamais à rien et passe pour l'imbécile. Ce qui constitue, au lieu de la gradation *naturelle*, le déclassement de l'intelligence, péniblement *préparé*.

Si donc, pendant ce temps d'aberration mentale qui commença *le règne de la raison*, on avait posé l'échelle à plat pour s'éviter de la gravir, ce fut bien pis encore quand s'établit, sous l'empire de la doctrine, *l'absolutisme de la raison*. L'échelle alors plongée au fond de l'abîme du doute, il n'y eut plus qu'à la descendre. Pour ceux, qui sont restés au niveau du sol, il leur est loisible de regarder maintenant tous les grands hommes de la doctrine, au fond de l'abîme qu'ils ont voulu sonder, trônant majestueusement au bas bout de l'échelle qu'ils prennent pour le plus haut degré. — Nous laisserons donc MM. les doctrinaires où ils sont, puisqu'ils s'y trouvent bien ; néanmoins nous ne les abandonnerons pas sans leur donner ce conseil que si un jour, *dégrisés d'expérience* et revenant au *bon sens*, ils remontaient encore sur la machine politique, ils devraient faire attention que la pente du progrès est très-rapide, qu'une fois lancé pour la gravir, il n'est donné à personne d'essayer de s'arrêter sans s'exposer à rétrograder avec une effroyable vitesse, et qu'enfin, fût-on le premier ingénieur du monde, on ne doit pas se permettre de discuter en route avec *le mécanicien* et encore moins de lui forcer la main.

Si nous ne leur avons pas donné plus tôt ce conseil, ce n'est pas faute de bonne volonté ; mais la conséquence d'une infirmité que la civilisation s'est infligée volontairement, sous prétexte d'y voir plus clair, et qui lui oblitère précisément l'intelligence. — Nous voulons parler du *journalisme*, non pas *libre*, mais *asservi* à une coterie ou à un intérêt quelconque possédé par ceux qui achètent l'esprit qu'ils n'ont pas ou vendent celui qu'ils ont.

Il ne suffit pas, sachez le bien, d'avoir des idées pour trouver place dans les journaux et même des idées neuves, (si tant est qu'il y en ait une seule de neuve sous le soleil ; mais il y en a eu d'égrenées dans le passé, les neuves sont les plus vieilles qui repoussent). L'esprit de parti fait de certaines feuilles à grande publicité autant de forteresses féodales, à l'hospitalité près qui ne s'y donne pas.

Plus même ces feuilles ont de prétention au progrès et plus, retranchées dans leur autocratie politique, elles se ferment aux pauvres pèlerins de l'intelligence, venant leur en donner des nouvelles. — Supposons cependant qu'un seul y soit entré par faveur spéciale, il doit couvrir à l'instant sa conscience d'une *livrée* et faire le service obligé ; car s'il osait aborder des principes contraires aux opinions en vogue ou aux préjugés reçus, cette presse, si jalouse de sa liberté qu'elle veut briser toutes les barrières, renforcerait immédiatement la sienne après l'avoir très-poliment fait passer par-dessus.

Nous pouvons en parler sciemment ; ceci nous est arrivé, et voici en substance le passe-port verbal que nous a délivré un des hauts barons de la féodalité quotidienne :

« Le champ de l'intelligence est vaste, semez où vous voudrez ; mais le public est un âne, du moins nous le considérons comme tel, et hormis la graine d'annonces que nous cultivons pour nous-mêmes, nous ne laissons se ressemer que des chardons. Je suis véritablement désolé de n'avoir pas un coin de bonne terre à vous donner dans mon journal. Si vous réussissez cependant en plantant ailleurs, comptez sur moi, je vous achèterai vos produits au cours du jour avec d'autant plus d'équité que c'est moi qui le fait. »

Voici, sans contredit, le propriétaire de journal le plus affable, le plus modeste et le plus franc que nous connaissions. Quitte à laisser tomber un peu d'orge au milieu de ses chardons, nous eussions aimé à travailler pour lui. — Il ne l'a pas voulu.

Nous avons connu encore plusieurs autres journalistes assez bons patriarches, mais *fort mauvais pasteurs*, faisant paître maigrement la gent moutonnière des abonnés et les effrayant volontiers des loups. Aussi nous ont-ils rangé parmi les plus féroces et nous ont fermé leurs bergeries. Il nous a donc fallu toute notre sympathie pour les moutons, afin de ne pas fraterniser avec les loups. — Dieu veuille que ceux-ci ne se jettent pas un jour sur les bergers ! — Dans ce cas-là, on verrait si nous saurions défendre le journalisme !

2

VI.

En touchant à la politique, nous n'avons pas été longtemps à nous apercevoir qu'il en était comme de la fable,
et qu'on ne pouvait guère y dire la vérité qu'en la cachant
sous des figures. Le seul mérite est de les employer à pro-
pos et de telle façon surtout que le public ne soit pas forcé
de les lire à l'envers. C'est à quoi M. Prévost-Paradol, au-
teur de la brochure des *Anciens partis* (saisie et condam-
née), n'a pas fait sans doute attention. — En voulez-vous
une preuve ? « Le despotisme est de l'alliage et la liberté
de l'or pur. » Voici une figure photographiée *à l'ombre de
la fusion*, probablement comme *épreuve négative*, puisqu'il
nous faut la retourner pour y trouver un sens *positif*. —
La société, en effet, ne pouvant se constituer que des al-
liages les plus divers, serait ainsi vouée au despotisme
(qui est l'alliage), tandis que la liberté (qui est d'or), gar-
dant son inaltérabilité, serait complétement impropre à
représenter la société. — On ne peut pas se mettre plus
directement le doigt dans l'œil.

Que le parti libéral, celui qui se dit d'or, après s'être
formé lui-même du plus étrange alliage, veuille bien nous
sauver du despotisme, — c'est au mieux, à la condition de
nous sauver avant tout du sien. Mais telle n'est pas sa prétention ; au contraire, ce qu'il appelle la liberté c'est *la*

liberté de pression, c'est-à-dire le droit de s'enfoncer mu-
tuellement les coudes dans les reins avec la précaution, par
les habiles, de bien s'armer les coudes et de se matelasser
les reins ; en un mot *l'anéantissement de l'intérêt social
par l'égoïsme de chacun*. — Pour nous, qui n'avons très-
heureusement pas d'autre parti que celui de la Providence,
nous ne voyons dans *la liberté de tous* qu'un évident *alliage*,
auquel l'autorité, qui doit être *d'or*, prête son inaltérabilité ; et nous ne trouvons pas d'inconvénient, en cet état,
à ce que tous les hommes en jouissent, sous la réserve de
n'écraser un ciron que si Dieu le veut. — C'est à cette volonté suprême que nous devons, sans doute, d'avoir
résisté nous-même à la liberté de pression, et de pouvoir
aujourd'hui réclamer, de l'indépendance absolue de l'autorité, la concession de notre petite indépendance et notre
place au soleil ; ce qu'au bon temps de la *Guizocratie*,
il nous eût fallu demander à trop de *satisfaits*.

A l'heure où les anciens partis doutaient, essayant de
se rassurer par l'espérance d'un conflit, nous *démocrates
de la veille*, nous partions n'ayant de foi qu'en notre but ;
nous fiant à la Providence et au vol de l'aigle pour nous
y conduire. Car, ne vous en déplaise encore, messieurs
les libéraux d'alliage *frappés au titre d'or*, nous différons
d'opinion avec vous sur le chapitre du *but*, et quand il
s'agit de pousser à son but la France qui doit y emporter
le monde, dussions-nous mourir sans l'avoir aperçu, *nous
ne savons pas marchander les moyens*. Si c'est cela que
vous appelez « la détestable *doctrine* de la souveraineté
du but, » nous avouons en être gangrenés depuis notre
naissance, et ne l'avoir, comme vous l'écrivez « **gagnée** »

de personne ; mais *la tenir* de la Providence, qui n'en a pas d'autre !

Pendant dix-huit ans de votre règne, qui a été, nous vous l'accordons, la chrysalide du papillon dont il ne reste plus que la misérable défroque, que vous voulez ressusciter ; honneur, gloire, patriotisme, vous avez commercé de tout. L'autorité nouvelle en dégrevant ces nobles produits du cœur pour en faciliter l'écoulement, vous en a retiré le monopole ; et ils se sont tellement multipliés depuis, que le dernier soldat en a plus aujourd'hui dans son sac que n'en ont contenu tous vos parlements. — Oh ! nous savions bien qu'il viendrait un temps où nous pourrions vous dire vos vérités ! et c'est à l'autorité absolue que nous le devons. — Accusez-la donc de ne pas nous avoir laissé *la liberté de la parole*, dont vos parlements n'ont jamais consacré que *l'abus !* — Dieu vous garde de les ressusciter un jour, car on peut tenir même devant *la force des baïonnettes* ; mais il faut se rendre devant la foi !

Qui donc a sondé l'esprit du chef, et, s'il l'a sondé, oserait discuter de ses moyens ? — Ce ne sont pas de pareilles questions qui auraient besoin, pour être traitées selon leur dignité, du silence et de l'inviolabilité des temples d'Isis, que l'on peut soumettre à des parlements, ces rigoles du débordement des *grandes eaux* (les peuples, suivant l'Écriture). — Ne sait-on pas combien de vérités nées de celles-ci sont venues s'étouffer dans leurs *petites eaux ?*... Combien de nobles projets ont été engloutis sous les glaces de leurs raisons et rejetés sur le sable dans les débâcles ? — L'intelligence *qui coulait au fond* pendant le tumulte des flots, *remonte à la surface* et vient *caresser, sans les franchir*, les digues de l'autorité. — Le temps des grandes eaux est passé, et la rivière rentrée dans son lit.

L'esprit d'un gouvernement doit être la liberté, nous en convenons avec vous; mais c'est l'autorité qui en est l'âme. Il est donc aussi ridicule de dire, avec M. Prévost-Paradol, que « la publicité est l'âme des gouvernements libres, » qu'il serait odieux et anti-social d'afficher la conscience de chacun ; car la conscience c'est *l'âme*, et du moment qu'elle serait *affichée, elle ne serait plus libre.* — Il est vrai que chaque parti se prend volontiers pour *l'âme de l'État*, mais comme ils sont plusieurs, nous nous permettrons d'affirmer le contraire.

Nous pourrions vous en dire davantage. — Mais à quoi bon ; ne vous trouvez-vous pas assez sages pour que rien ne vous enseigne plus? — Recevant le soufflet de l'événement qui brise vos théories, vous revenez le lendemain tendre la joue à un nouveau soufflet qui vous frappe *l'autre joue...* Voici ce que vous appelez « vos communes épreuves, — vous sacrifier. » Allons donc ! Ces soufflets-là vous vont bien à la face, puisque vous en êtes si fiers aujourd'hui ; mais tenez-vous véritablement à vous sacrifier? — *Taisez-vous alors !* c'est le plus grand sacrifice que vous puissiez faire, et la Providence vous en tiendra compte, comme elle en tient de tout.

V.

Quel que soit à notre époque le but de chacun, le principal c'est d'arriver vite. L'usage de la locomotive s'est introduit dans l'esprit ; le monde *chauffe pour l'avenir* et, sauf les accidents particuliers, nous devons tous y arriver ensemble.—Que signifie donc à l'heure du départ ces ridicules distinctions de partis ? — Que chacun monte en premières, en secondes, en troisièmes ou sur l'impériale, selon ses goûts ou ses moyens ; il n'y a qu'un seul train, et qui plus est *une seule voie ouverte*, celle de l'Empire. — Cette voie, dites-vous, n'est pas sûre. — Alors ne partez pas ; mais, en attendant que vous ayez choisi une autre voie et chauffé une autre locomotive, nous serons arrivés.

Si vous n'avez pas assez de courage et de foi, Messieurs les politiques de haute école, pour vous embarquer sans regarder aux imperfections de la voie et de la locomotive qui nous entraîne ; nous avons nous ce courage et cette foi, et dussions-nous activer encore le feu de la chaudière, nous y ferons jeter tous nos bagages. — *Rangez-vous donc* si vous ne voulez pas monter et laissez marcher ce qui marche.

Au grand déplaisir des inventeurs de principes, ceux qui dirigent le monde n'ont pas changé, et depuis la révélation de l'Évangile nous les connaissons : la Foi et la Volonté, toutes deux en équilibre sur le fléau de la Conscience, qui a pour pivot ou point d'appui LE DEVOIR. Vous êtes donc complétement incapables de gouverner, Messieurs les *équilibristes du droit*, parce que, ayant tué la Foi en vous, vous n'en pouvez plus avoir dans votre propre Volonté.

Dans quelle aberration serez-vous toujours de prendre la conséquence pour le principe et le principe pour la conséquence ? — « 1789 a posé des principes, » dites-vous ; — mais les principes existent depuis que le monde est monde ; 1789 est un événement comme tous les autres, un peu plus sensible, mais ce n'est qu'un résultat du jeu de ces principes, leur *suprême* conséquence peut-être, leur INVERSION !

A la fin du dix-huitième siècle, la Foi s'étant trop appuyée sur le Devoir, la Volonté s'en éloigna ; son mouvement s'étant opéré trop vite, le bras du fléau qui portait la Foi fléchit en 89 et bascula en 93. La rapidité de l'oscillation imprimée au fléau dure encore et donne le vertige ; mais le pivot du Devoir, bien qu'ébranlé, est encore à sa place. La Foi, qui s'y était trop appuyée, s'en écarte, et la Volonté, qui s'en était trop écartée, cherche à son tour à s'en rapprocher.

Tel est l'équilibre moral de tous les partis en ce moment. L'autorité en replantant le pivot du Devoir, vient de sauver le balancier de sa chute imminente.

— Oui, dites-vous ; mais tous les partis ne vont-ils pas réclamer l'autorité ?

— *En vertu du Droit !* voilà précisément où gît leur erreur. — Faut-il donc que nous répétions une seconde fois que si tout le monde eût fait son devoir, il n'eût jamais été question de droit ? — Qu'est alors que le droit? — *la. négation du Devoir*.

Partant de ce principe *absolu* tout conflit d'autorité devient désormais impossible.

— Avez-vous accompli votre devoir? demandera-t-on à toute autorité déchue qui réclamera contre l'autorité établie par *le fait providentiel*.

— Nous avons la priorité et le sacrement du temps.

— C'est un droit magnifique ; — mais avez-vous accompli votre devoir ?

— Ceci ne regarde que notre conscience, nous sommes l'autorité et nous voulons notre droit.

— Rien de plus juste. Dieu seul a le pouvoir d'entrer dans votre conscience et, s'il y entre, le droit est fait. Songez donc à bien le recevoir quand il vous dira, avec sa sublime équité : — Vous ne m'avez point payé des devoirs que vous receviez de la main de mon peuple ; *je vous en donne la décharge ;* mais je reprends mon droit. — Votre règne est passé !

— Nous contestons celui qui naît.

— Alors, vous vous portez en faux contre votre propre état civil, qui a été inscrit de la même façon sur le registre de l'Histoire, dont vous avez été les rédacteurs et les dépositaires.

— Nous n'y inscrirons certes pas celui-ci?

— A votre aise ; seulement, veuillez remarquer que vous n'avez plus le dépôt du registre, et que, d'ailleurs, ce fut toujours le Pouvoir *nouveau-né* qui s'y inscrivit de sa propre main. Il est inutile que nous vous montrions les sceaux de Pépin-le-Bref et ceux de Hugues-Capet ; mais voici les paraphes des Valois et des Bourbons; voici le cachet de la République (ici tout le monde eût dû s'inscrire, mais nous n'avons que quelques signatures assez embrouillées). Regardez maintenant ce nom qui semble tracé par une griffe d'aigle : Napoléon Bonaparte. — Ne vaut-il pas les autres? Restent deux renvois signés Bourbon et Orléans, et une foule de petits paraphes illisibles, tracés en 1848, à l'émargement de la République; mais la Providence y a mis son *visa*, et la page s'est rouverte à Napoléon.

— Tout ceci ne nous explique pas son droit,

— Est-ce qu'une *négation* s'explique? — Voici précisément où réside la force de Napoléon Ier; il s'est inscrit *sans droit*, ne comptant que sur l'*acquit de ses devoirs*, pour relever l'Autorité des malédictions que *votre droit* avait attirées sur elle.

— Il ne l'a pas conservée.

— Ce fut son titre le plus magnifique, lorsqu'il fit à Fontainebleau si bon marché du droit, pour ne céder qu'à ce qu'il crut son devoir et le salut de la France.

— Mais Waterloo nous a rendu nos droits.

— On acquiert mal de trahison. Napoléon, d'ailleurs, jugé après sa défaite, par tous *les tenants du droit*, ne le fut pas par *ses pairs*. S'il adhéra encore à ce jugement, c'est qu'un doute, bien légitime après un pareil revers, était entré dans son âme; Sainte-Hélène l'en a purifié. Napoléon Ier, mourant privé du droit, n'a donc laissé que le devoir pour héritage à sa famille, qui l'accepta sans inventaire. — Oseriez-vous prétendre, aujourd'hui, qu'elle ne s'en soit pas acquittée? Louis-Napoléon, son nouveau chef, s'est sacré lui-même par l'accomplissement du plus grand des devoirs envers la France, celui de *la sauver de l'anarchie.* — La voix du peuple, vox DEI, n'a fait que confirmer.

— Alors, vous niez tout droit?... Reste donc celui du plus fort.

— Oui, mais le plus fort, c'est Dieu ! *Osez lui réclamer le droit.* — Hélas ! nous ne sommes que les derniers de notre parti ; personnellement, nous nous inclinons devant vous et encore plus devant votre malheur ; mais, avant tout, nous nous devons à la Providence, notre *chef de parti,* qui nous semble d'accord avec le nouveau Chef.

Maintenant, si vous tenez à vos souvenirs, attachez à vos *blasons* les fleurs de lis, les faisceaux ou le coq, *écartelés* de bien, de mal, de gloire et de revers, nous les saluerons de tout notre cœur ; mais *ne touchez pas à l'aigle qui vole,* jusqu'au jour où, ayant accompli son destin, il ne sera plus lui-même qu'une figure de blason que l'on saluera seulement plus bas que les autres.

VI.

Quant aux révolutions, leur temps est fait. Plus que jamais nous aspirons à la fin de nos maux. Votre méthode *rationnelle* est jugée ; après chacune de vos prescriptions de *droit* la France s'en est toujours trouvée plus mal, et vient de goûter du *devoir ;* comme nous augurons très-bien de ce changement de régime, nous allons donc *déchirer vos ordonnances* sous vos yeux et vous en rendre les morceaux.

— « La révolution a eu l'impérissable honneur d'inaugurer les principes de la démocratie ? » dites-vous.

— Alors, vous oubliez le Christ ! — Sans doute que vous ne le tenez pas pour *assez politique ;* mais les empereurs romains, qui étaient mieux placés que vous pour juger de ses doctrines, n'étaient pas de cet avis-là ni leurs gouverneurs non plus ; car Hérode, qui le laissa crucifier, n'eut pas d'autre raison qu'une raison politique ; laquelle alimenta même fort longtemps les persécutions contre les sectateurs de l'Homme-Dieu. Ce qui ne prouve pas du tout, comme le prétend *la fusion libérale,* « l'alliance des césars avec la démagogie ; » car, au point de vue de la société païenne, les chrétiens étaient bien évidemment, avec les esclaves dont ils prêchaient la libération, les seuls démagogues de ce temps-là, et les nombreux martyrs qui arrosèrent de leur sang les cirques romains pourraient donner un fameux démenti à M. Prévost-Paradol , s'ils n'étaient pas trop polis pour cela ; mais ils peuvent au besoin lui affirmer qu'en rendant leur dernier soupir à Dieu devant César *immobile,* ils n'ont jamais entendu que les applaudissements de *la bourgeoisie* de Rome. — Falsifiez votre conscience tant que vous le voudrez, cela ne nous regarde pas ; mais ne falsifiez pas l'histoire ! — Il n'y a jamais eu de démocratie et encore moins de démagogie dans les sociétés grecques et romaines, bien que les historiens nous aient leurrés de ces chimères. Les esclaves y tenaient lieu de ceux qu'on appelle *le peuple* aujourd'hui. La démocratie n'est donc qu'une *vérité chrétienne* devenue une nécessité de la civilisation moderne ; mais qui attend encore son organisation. — Napoléon III, que Dieu protége, la lui donnera. — Son cirque, à lui, c'est le monde, et s'il y descend avec son peuple armé c'est pour vaincre ou mourir avec lui ; — mais, ne l'oubliez pas, quoi qu'il arrive, dans un temps ou dans un autre, à Paris comme à Rome, toujours il y aura une classe de gens qui se lèveront pour applaudir au vainqueur, — ce sont *les bourgeois,* ceux que tout gouverne et qui voudraient tout gouverner !

— Vous oubliez encore, en parlant de la démocratie, l'affranchissement des communes au temps de Philippe-Auguste, où il leur fut concédé par l'autorité royale (nous ne disons pas féodale) autant de libertés réelles que vos régimes égalitaires leur en ont retiré.

— Puis vous demandez « que l'on donne à l'esprit public la satisfaction qu'il réclame, » et vous oubliez encore que vos doctrines lui ont enlevé le principe de toute satisfaction, *la paix de l'esprit et le calme de la conscience,* la foi !

— Vous demandez « l'égalité de tous devant la loi » sans avoir compris, vous socialistes, républicains ou parlementaires, que la loi humaine, afin d'être égale pour tous, devait être modifiable pour chacun ; puisque les besoins, les facultés, les tempéraments et les caractères sont différents, selon la loi divine. Les lois *coutumières* que votre révolution a brisées sous son impitoyable niveau *protestent encore,* et vous enchérissez ! et vous appelez cela vouloir le progrès !

— Vous voulez « combattre l'esprit de caste ; » mais vous en faites une de vous-mêmes et vous en édifiez de pires que les anciennes en leur délivrant, de par *votre raison*, des brevets d'infaillibilité ! — Avec la caste des savants d'aujourd'hui, Archimède eût attendu la prise de Syracuse pour faire l'essai de son miroir.

—Vous demandez « l'accessibilité de tous aux emplois » et vous criez à l'incapacité ! S'il y a des incapables, tous n'y peuvent donc pas prétendre. — Qui sera le juge de la capacité? — Le diplôme, l'expérience, n'est-ce pas? — *Le bon-sens* n'aura-t-il donc jamais sa voix ?

— Vous demandez « la liberté de la presse; » pourquoi pas aussi la liberté d'élever vos maisons de vingt étages? — Ne dominez-vous pas la voie publique assez comme cela? — Vous vous croyez *dangereux ;* le gouvernement doit-il vous estimer moins que vous ne vous estimez vous-mêmes? Non, Messieurs, le gouvernement est juste et il vous tarife au poids de votre haut mérite.

— Vous demandez « la liberté de conscience et la liberté civile. » — Qui donc peut entraver votre conscience? Mais vous confondez la liberté de conscience avec la licence publique de tous *les fanatismes,* qu'ils viennent de foi ou de raison. Si un prince ou un gouvernement quelconque avaient à se venger d'un peuple, ils n'auraient qu'à lui octroyer cette liberté-là : — Qui donc à présent entrave la liberté civile, quand vous voyez vous-mêmes la dégénérescence physique et morale de l'espèce, l'oubli de la hiérarchie et de la famille, la corruption pimpante et dorée, les honteux tripotages de tous les rangs confondus par la soif de l'or, le théâtre en carnaval et la littérature à l'égout, qui en sont l'ignoble résultat ?

— Mais si l'on ne satisfait pas à tout ce que vous demandez, vous nous menacez d'une « révolution !!! » comme on menacerait un enfant de Croque-Mitaine ? — Nous ne sommes plus des enfants et nous avons assez vu de révolutions pour savoir à quoi nous en tenir sur leur efficacité. Sapez l'autorité qui vous protége ; appelez sur elle le blâme qui était tombé sur vous ; semez l'incertitude et la crainte ; puis essayez d'évoquer votre *grand fantôme...* faites une révolution !... nous vous prédisons alors un gouvernement qui vous couperait bien autre chose que la parole. — Oh ! La Fontaine ! n'est-ce donc que pour les grenouilles que tu avais fait ta fable ?

— Reste votre « passion de liberté » — nous en sommes plus passionnés que vous, car rien ne nous arrête pour nous satisfaire ; *nous avons la main à la charrue qui laboure le présent et nous ne regardons pas en arrière,* selon le précepte de l'Évangile que vous avez oublié. — 1789 avait effacé le passé, et il avait alors raison ; mais comme 1789 est passé, *nous l'effaçons à son tour* afin d'avoir raison sur lui. Nous seuls allons donc en avant, *laissant les morts ensevelir leurs morts,* comme le dit encore l'Évangile. Vos soi-disant *principes,* qu'ils datent de Justinien, de 1789 ou de 1830, *vous tiennent en lisières ;* et nous ne craignons pas de vous le dire, Messieurs les passionnés de liberté, c'est vous qui n'êtes que des petits enfants, criards, turbulents et assez peu solides sur vos jambes. Nous voulons bien essayer de *trancher vos lisières,* parce que nous aimons comme vous la liberté ; mais, dans votre intérêt, nous ne saurions qu'approuver *le bourrelet* qu'on vous laisse pour amortir vos chutes.

— Sur la foi de votre raison, la France a essayé longtemps de votre politique, elle n'en a éprouvé que d'horribles crises, et toujours après, *une faiblesse extrême ;* actuellement elle ne peut plus rien digérer. S'il vous reste quelques remèdes, gardez-les pour la Turquie. — Ce qui n'agit pas sur l'un agit sur l'autre. — *Un peu plus de raison* du côté de l'Orient et *un peu plus de foi* dans l'Occident, le monde reprendrait son aplomb bien vite ; mais la France, qui vous a trop écoutés, n'a plus besoin que de *votre silence.*

— Tout n'est qu'échanges.

— Retirez-vous maintenant avec les morceaux de vos ordonnances.

En quête de la vérité où nous conduit la Providence, nous marchons tous au progrès, en aveugles peut-être ; mais nous y marchons.

— Le progrès ne se discute plus, il se fait.

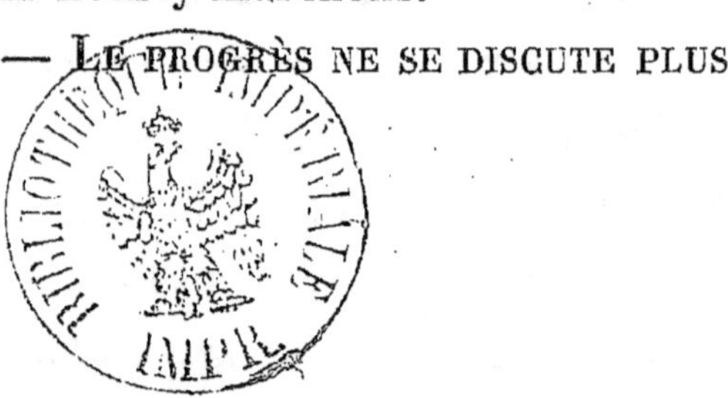

FIN.

www.ingramcontent.com/pod-product-compliance
Lightning Source LLC
Chambersburg PA
CBHW061133050726
47594CB00005B/2223